JN411067

코뿔소

코뿔소

문창갑 시집

문학의전당

自序

늦가을 하늘길에 가는 새들이 있고 오는 새들이 있다. 가는 새들은
잎 지고 빈들 많아진 이 땅을 매몰차게 버리고 가지만 오는 새들은
용도 폐기된 버림치, 저 황량한 벌판이 오히려 희망이고 봄이다.
어느새 어스레한 여기까지 흘러왔다. 폐부 깊숙이 새기고 또 새기자.
내가 이 땅에 시 몇 편, 일기 몇 줄 보탤 수 있는 날은
그리 넉넉하지 않다는 것을.
그래, 이제는 가는 새들을 바라보며 괜스레 목메지 말고,
오는 새들의 옹골찬 삶을 더 자주 바라보기로 하자.
가는 새들이 버리고 간 빈들에서
오는 새들은 어떻게 희망을 일구어 가는지.
격랑 심한 세상에 세 번째 시집을 밀어 보낸다.
진수성찬 밥상은 아니지만 풋풋한 사람들,
내 시 만나 부디 좋은 시간 되었으면 한다.

차례

1부

2부

3부

4부

1부

죽

죽, 이라는 말 속엔
아픈 사람 하나 들어 있다

참 따뜻한 말

죽, 이라는 말 속엔
아픈 사람보다 더 아픈
죽 만드는 또 한 사람 들어 있다

아, 이 열쇠들

서랍을 정리하다 보니
짝 안 맞는 열쇠와 자물쇠들 수두룩하다
감출 것도, 지킬 것도 없으면서
이 많은 열쇠와 자물쇠들
언제 이렇게 긁어모았는지

아, 이 열쇠들
아, 이 자물쇠들

알겠다, 이제야 알겠다
내 앞에 오래 서성이던 그 사람
이유 없이 등 돌린 건
굳게 문 걸어 잠그고 있던 내 몸의
이 자물쇠들 때문이었다

알겠다, 이제야 알겠다
열려 있던 그 집
그냥 들어가도 되는 그 집
발만 동동 구르다 영영 들어가지 못한 건
비틀며, 꽂아보며

열린 문 의심하던 내 마음의
이 열쇠들 때문이었다

고향 집

나 지금 아우라지 정선에 와서
임종 직전의
폐가 한 채 문병하는 중입니다

억새와 거미줄, 그리고
함부로 살 찢고 다니는 바람에 점령당한
스산하고 가련한 폐가지만 이 집도 예전엔
한 가족이 슬어낸 하나한 추억을 머금고 있었을
심줄 푸른 고향 집이었습니다
무조건 받아주고, 무조건 안아주던
고향 집, 아버지와 어머니 선산에 누우신 후
사람 냄새 사라지니
빠르게 폐가 되었지요

제 몸의 문이란 문 죄다 열고
집은 아직도 누군가를 기다리는 눈치입니다
저리 숨기 잦아지는 쇠잔한 몸으로
얼마나 더 버틸 수 있을지요

폐가 된 고향 집은 애면글면 버티어보지만

결국은 와르르 무너지며 집의 일생 마칠 것이니
타관 떠도는 자식 놈들 훗날엔 필경
저녁놀에 울먹울먹 얼굴 묻고
고향 집의 살 냄새 사무치게 그리울 것입니다
그러다 그러다

어둠이 밀물지는 생의 오후 어느 날에
불현듯 돌아가고 싶겠지요 돌아가서
버리고 온 고향 집 식은 아궁이에 다시금
군불 지피고 싶겠지요

고향 집 없는, 너무 늦은 그때

꽃들의 청순한 눈동자가 보인다

꽃병은 꽃들이 제일 두려워하는
고문 기구라고 귀띔해주시던 그분 말씀
찜찜하게 떠올라 며칠 전
아끼던 꽃병 하나 버렸습니다

참 신기한 현상입니다
꽃병 하나 버렸을 뿐인데 그날 이후
함부로 꽃을 꺾어오던 내 못된 버릇도
말끔하게 사라졌습니다

들과 산 어디에서도 꽃들은 이제
나를 보고 몸 숨기지 않습니다

오늘은 자드락길 풀숲에서 만난
쑥부쟁이 오 남매가
오래 사귄 동무인 양 내 옆구리에
깔깔대며 간지럼을 태우기도 했습니다

아, 살맛이 납니다
꽃병 하나 버렸을 뿐인데 내 눈에도

꽃들의 청순한 눈동자가 보이니

잡초는 없다

비싼 값 치르고
어느 댁 축하의 자리에 보낼
꽃 한 다발 사면서
풀꽃 한 아름 덤으로 얻어 왔다

흔한 잡초라고 꽃집 구석에
천덕꾸러기로 버려진 식물
한껏 피워 올린 연보라 꽃 송아리가
깜찍하고 사랑스럽기만 한데
이 식물이 왜 잡초여야 하는지 그러면
은은히 내 맘 홀리는 이 잡초는
이름도 없는지 부랴부랴
식물도감 뒤지니 어?
잡초는 없다

식물도감엔

바위구절초 둥굴레 산매발톱 노루귀
꽃창포 하늘지기 물봉선 범부채……
우리나라 들과 산에 이런 식물 산다고

상큼하고 고상한 이름이 넘실넘실

쥐꼬리망초 개불알꽃 까치수염 각시패랭이꽃
애기똥풀 며느리밑씻개 도둑놈의갈고리……
우리나라 산과 들에 이런 식물도 산다고
우습고도 살가운 이름이 출렁출렁

숨어서 울음 길 가는 사람아,
다시 보면
그대도 이 땅의 어여쁜 꽃이려니
슬퍼 마라!
울지 마라!
어디에도, 어디에도
잡초는 없더라

마량포를 떠나며
—최영철 시인에게

눈발 날리는 마량포 밤바다 서성이다가
화들짝 눈 맞춘 詩 하나
그만 가라, 그만 가라 등 떠밀어도
한사코 나 따라온 갯내 물씬한 詩 하나
지난밤, 비릿한 알몸으로 내 이부자리 파고들었다네
그대가 염려하는 고민 없이 만나고, 고민 없이 헤어지는
詩와의 내 헤픈 연애질은 여전해서
만만한 고 가시내와 날밤 새우며 질탕하게 놀아버렸네

사랑해 사랑해
열 됫박, 스무 됫박, 남세스런 연분홍 말 마구 퍼주며

아침,
혼곤한 몸 추스르고 이불 들춰보니
어? 없더군
고요의 보자기에 덮인 물컹한 밤바다의 살 몇 점을
쓱쓱 썰어 내 입에 넣어주며 야시시 날 홀리던 그 詩

허허, 또 꿈이었나? 나 무진장 허탈해져서
지난밤의 뜨거운 꽃자리 짚어보는데

아뿔싸, 흰수작 앞세운 잡상스런 이내 욕정이
조급하게 벗어 던진 속옷들만 무량무량 베갯머리 더럽히고 있을 뿐
어디에도 詩는 보이지 않았네

미안허이
그대의 조반상에 올릴 만한
맑은장국 같은 詩 한 첩 빚어 보내겠다는 약속
이번에도 지키지 못해서

다시는 아프지 마시게, 제발

잔치국수

숫눈 쌓이는 이슥한 밤
외상 술값 갚으러
뚱보 아줌마네 포장마차 들어서니
흐린 전등 밑
잔치 없는, 매무새 추레한 사내 하나
잔치국수 먹고 있다

저 잔치국수는
끼니때 놓친 내가
자주 와서 먹던
친근한 음식

그러나 이제는 먹지 않는다

못난 청승 아닌가?
잔치 없는 날
시름시름
홀로 잔치국수 먹는 거

가을 일기

나 오늘도
놓아 보낼 열매 하나 없이
걸신들린 짐승으로 으르렁거렸습니다
엄숙하고 엄숙하게
제 몸의 열매들 놓아 보낼
신성한 파종의 시간 기다리고 있는
가을 숲의 밤나무 후려치며, 발로 차며

뿌리

날고구마 한 관 사다 놓은 거 깜빡 잊고 지내다가 쌀자루 허룩해진 오늘에서야 퍼뜩 고구마 생각이 났다. 서둘러 캄캄 구석 포대 자루 열어 보니 이런, 먹을 만한 고구마 이미 없고 콩나물 같은, 아니 지렁이 같은 수백 마리 고구마 뿌리들만 자루 바닥 박박 기고 있다. 어쩌겠는가, 통통하게 살쪘던 고구마들 몸져누운 지 벌써 두어 달 백번을 생각해도 못 먹게 된 썩은 몸들이니 내다 버리는 수밖에. 난 이제 두 눈 멀쩡히 뜨고도 아까운 식량을 썩혀버린 정신 나간 나에게 불줄기 얼얼한 욕이나 몇 바가지 퍼부으며 썩은 고구마 버리고 와 손 탁탁 털면 되는데, 그러면 끝나는데 아 젠장 상여꾼 뒤따르던 그날처럼 느닷없이 내 마음 어두워지고 포대 자루 감옥 안 하얀 뿌리들이 자꾸만 눈에 밟힌다. 거참 뿌리라는 게 뭔지 썩어가는 몸들이 마지막 힘을 모아 죽음 밖으로 밀어냈을 저 뿌리들이, 흙내 나는 바깥 출구 찾지 못해 아우성치는 포대 자루 속 저 마음들이, 먼지 속에 부유하는 내 생 같아 자꾸만 자꾸만 눈에 밟힌다.

사진 속의 어머니

자식에 관한 일이라면 어머니에겐
저승과 이승의 경계가 없습니다

한 자루 시름 지고 돌아온
이승의 자식 놈 밥 안 먹고 그냥 잘까 봐
어머니 또 사진 속을 나오셔서
딸그락딸그락 저녁상 차리십니다

나 오늘도 씩씩하게 밥 먹고 자야 합니다
우리 어머니 웃고 가시게요

솔내 분교 지날결에

지금도 풍금 하나 살고 있었습니다

푸성귀 시절의 옛 동무 만나러 가는 길
솔내 분교 지날결에 그 풍금 소리 들었습니다

그대로였습니다

꽃등으로 흔들리며 울멍줄멍 풍금 소리 따라가던 어린 것들을
강이 되고, 바다가 되고, 별이 되는
우주의 모든 것 되게 하던 그 소리

이 하얀 처녀 선생님께서 봄 하늘로 피워 올리던
천진난만한 그 소리 꽃들

이 무슨 주책인지요
가당찮은 생각이라고
언감생심 꿈도 꾸지 말라고
하느님께서는 호되게 나무라시지만, 풍금 소리 들으니
나도 맑은 소리 내고 싶고

엄마의 무릎에서 재롱떠는 돌마낫적 아가 되어
처음부터 다시
순정한 사람의 말 배우고 싶어집니다

누군가의 가슴에 독침으로 꽂히는
잠 나쁜 지금의 내 말 버리고요

진흙 쿠키

너무도 기막히고 슬픈 현실의 표징이라 하나 가져왔다고
비극의 땅 아이티에 취재차 다녀온 기자 친구가
기도하는 심정으로 만져보라며 내 손에
딱딱한 무언가를 꼭 쥐여 주었다 이것이
굶주림과 질병으로 시달리는 아이티의 아이들이
주식 대용으로 먹는 쿠키란다
그나마도 돈이 없어 마음껏 사 먹지도 못한다는
진흙 쿠키

보고, 또 보아도 불에 구워낸 진흙 덩어리일 뿐인데
이 흙덩이가 어떻게
눈 맑은 아이들의 밥이 될 수 있단 말인가

이 진흙 쿠키 앞에서 나는 인간이 아니다
마귀다, 개 똥구멍이다
아이티의 아이들이 진흙 쿠키, 그 캄캄 절망과
슬픔을 씹고 있을 때 갈비를 뜯으며
고기가 왜 이리 질기고 맛이 없느냐고 씨부렁대던 내가
아이티의 아이들을 위하여 한 번도 저금통 턴 적 없는 내가
어찌 인간일 수 있겠는가

흙이 내게 호통치다

봄날 햇볕 아주 좋아
흙바닥에 엉덩이 털썩 주저앉히고
담배 한 대 불붙이고 있는데
누가 내 엉덩이 쿡쿡 찌르네
엉덩이 들어보니
흙이 키우는 민들레꽃 하나
거친 순 투하고 있었네
애걔, 겨우 민들레꽃 하나?
더 쉬고 싶은 나는
민들레꽃 못 본 척
엉덩이 다시 내려놓으려는데
쩌렁쩌렁
흙이 내게 호통을 치네
흙 한 줌 되어보지 못한 네가
왜? 왜? 왜?
흙의 마음을 거스르느냐고

여관 앞 은행나무

어젯밤에 본 뜨끈한 풍경입니다

불그레 발그레 손잡고 가다가
흘끔흘끔 눈치 살피며 그냥 지나가는 척하다가
풀잎 같은 연인들이
밤의 여관 안으로 쏙 숨어버리는 순간

어이구머니!
나무가 글쎄
사십 년을 숨은 사랑 지켜보던
여관 앞의 은행나무가 글쎄
지가 괜히 몸 달아 훌렁
알몸 돼버렸습니다

아침 출근길 그 여관 앞 지나가는데
미끌미끌 발에 밟히는 거 있었습니다
반듯하게 허리 펴고 시치미 떼는
능글맞은 저놈,
허릿심 좋은 저 은행나무가 간밤에
가을밤 진하게 끌어안고 사정射精해 놓은

노란 은행 알들이었습니다

가을입니다
내 안의 사랑도
씩씩해졌으면 좋겠습니다

날아가는 새들, 사라지는 것들
그만 보고

남순 누나

나만 보면
산마을 오두막집
우는 문풍지가 돼버리는 사람이 있습니다

눈썹이며 이마며 목소리까지
먼 옛날의 어머니와 참 많이도 닮은 사람
밥 먹고 왔다고 거듭 말해도
서둘러 밥상 차리는 사람
아, 남순 누나

그 누나가 오늘
나 많이 혼내고 있습니다

왜 이렇게 사느냐고,
두 주먹 불끈 쥐라고,

산골 고추

"육시랄 놈 고추 달린 사내라면 요만큼은 실해야지……"
도시 살다 쫓겨 온 큰아들 놈
기침하며 누워 있는 토방 문전에
욕지거리 쏟아놓고 지분거리던
쪼그랑 산골 할미, 씨부렁씨부렁
가을걷이 매운 고추 멍석에 넌다

그 멍석 위에는

하!
탱탱하게 발기된
산골 고추들

저 할미
복사꽃도 샘을 내던 이쁜 처자였을 때
두리번두리번 고요 살피며
절로 만지고 싶었을,
만지다가 빨갛게 물들고 싶었을,
산골 머스마의
독 오른 빨간 고추들

2부

시인 천상병

여비 없어
저승에도 못 가나 한걱정하던
그 사람

사실은
부자 중의 부자였습니다.

총총한 밤하늘 걸어가서
우주의 등기부등본 한 통 떼어 보니

아득한 우주가 다
그 사람의 집이고
그 사람의 정원입니다.

둥글어서, 둥근 마음이어서

길 가는데
둥근 배 한 알 데구루루 굴러 온다
오, 저것은

툭,
짧고 아픈 그 추락의 힘 하나로
길 건너 배 밭에서 이곳 신대륙까지
멀리 굴러 온
生

둥글어서, 둥근 마음이어서
거침없이 굴러 올 수 있었을
生

저것, 내가 냉큼 잡아먹지만 않는다면
어느 봄날엔
둥근 마음 멈춘 이곳 無名의 자리
천리만리 배꽃 향기 퍼져가는
배나무 나라 돼 있으리

나도 먼 곳 가는 길손
길에서 만난 배 한 알은 갈증 심한 나에게
더없이 좋은 먹잇감이지만
아서라, 그냥 가던 길 가자

둥글어서, 둥근 마음이어서
잡아먹을 수 없는 生
못 본 걸로 하고

폐가

솔숲 어귀에서
물컹물컹 썩어가는 폐가 한 채 만났다

폐가 마당엔
집과 함께 순장된 세간붙이들
고요의 무덤 속에 누워 있었다

저 그릇들은
어느 댁의 밥상과 찬장을
부지런히 오갔을 것이고

이 숟가락과 젓가락들은
누군가의 입속을
부지런히 드나들었을 것이고

저 책가방은, 신발들은, 옷들은……
그랬을 것이고, 그랬을 것이고

이런, 이 무슨 청승인가
나와는 연고 없는

폐가 한 채 우연히 보았을 뿐인데
내가 왜
이리 가슴 먹먹해지는지

종이 집

겨울밤
지하철 종각역 한쪽 구석에
종이 집 몇 채
또 세워진다

지붕이 없는 집
작은 기침에도 쉬이 흔들리는 집
누추한 주인의 발 숨겨주지 못하는 집
우체부가 모르는 집
가장 작은 집
아침이면 무너져야 하는 집

노숙자들의 집

절 구경 와서

티끌만 한 죄 하나라도 삭감될지 모른다는 두근거리는 마음으로요 스님들 마주치면 깍듯이 합장의 예도 올리면서 두루두루 흥국사 구경 마치니 벌써 점심때가 되었네요

찾는다고 찾은 식당이 하필이면 흥국사 바로 보이는 찜찜한 곳 스님들도 함께 오셨다면 맛있게 드셨을 산채비빔밥, 된장찌개 백반, 이런 거 멀리 밀어내고요 소주 몇 병 곁들여 친구들은 보신탕을 난 삼계탕을 먹는데요 에그그 즐거운 소풍날 이게 웬 낭패인지요 옷소매에 묻혀온 흥국사 약사전 향내 때문인지 대책 없이 속이 메스꺼워지더니 입속으로 욱여넣은 고기 살점들 입 밖으로 도로 나오고 마네요

적잖은 값 치러야 할 고기인지라 난 다시 억지로 살코기 한 점 입속으로 쑤셔 넣는데요 그 상스러움 더는 못 봐 주겠다는 듯 내 안의 내가 나에게 가시 돋친 일장 훈계를 늘어놓는군요

고얀 놈, 절 구경 와서도 주지육림이냐고요 흥국사를, 흥국사 경내에 찍어놓고 온 네놈의 발자국을 스스로 능락하고 능멸하는 오늘의 한 끼 식사는 밥이 아니라 죄라고요 범람하는 슬픔으로 내가 나를 만져보는 날, 흔들어 보는 날, 거대한 산 하나로 커져 있을 죄!

어렴풋이 고요하게

고개 한 번만 뒤로 젖히면
바로 보이는 별
그 별을 못 본 지도 어언 스무 해가 되었네

별이라는 존재를 잊고 산 세월에 대해
무슨 거창한 이유가 있겠는가
그냥 별 볼 일이 없었을 뿐이네

그랬는데,

잊고 지내던 무용지물 그 별천지를
오늘 우연히 강원도 울연한 산중에서 보았네
어린 풀벌레들이 조잘조잘 말 걸며
내 옷자락 잡아끄는 곳
무량한 우주의 한 식솔로 서서

하!
여전히 靑靑한 처녀성의 별들

난 아직도 은하수 저 순결한 언어들을

연모하고 있다는 걸
경전으로 받들고 있다는 걸
어렴풋이 고요하게 내 몸은 느끼고 있었네

오늘자 신문 독후감

누구일까요?
팔리지 않는 詩 장사로 청춘 탕진한
변두리 글쟁이가 안쓰럽다고 수년을 꼬박꼬박
무료 신문 보내 주시는 이

명심, 또 명심해야겠지요
무료 신문 보내는 이의 은혜에 보답하는 길은
먼 길 달려온 신문이 상심하지 않도록
올곧게, 꼼꼼히
신문의 마음을 읽어주는 일이라는 걸

오늘자 신문을 보니 정부 대변인 가라사대
곧 십만 원권 지폐를 발행한다고 합니다
보나 마나 십만 원권 별로 만져볼 일 없을
저 묵정밭 민초들에겐 달갑지 않은 소식이겠으나
사과 상자 하나에
삼십억 원도 담을 수 있다는 십만 원권 발행 소식에
키득키득 참 좋아하겠네요

무겁고 부피 많은 떡값과 비자금 옮기느라

그간 고생 많았을
캄캄한 그 동네 유령들

칼밥

짧은 꿈을 꾸었습니다

술안주로 올라온 마른오징어를 찢어발기듯
다짜고짜, 막무가내
누가 내 몸을 쭉쭉 찢어발겼습니다

대명천지 한낮 졸지에
개죽음 되어 버려진 내 몸속에서
피거품과 함께 무언가가 꾸역꾸역 몰려나왔습니다
칼이었습니다 수백, 수천의 저 칼은

내가 슬픔이었을 때
내가 등신이었을 때
내가 절망이었을 때
내가 치욕이었을 때
내가 부끄러움이었을 때
그렇게 그렇게
내가 음지陰地에 있었을 때
내가 먹어치운 칼밥이 분명했습니다

이제야 조금 알 거 같습니다
가만가만 다가가
참견하고 싶고 발 담그고 싶던
부드럽고 따스한 生들 한사코
내 몸 피하던 속내를

아,
저 많은 칼밥이 내 주식主食이었다니

인사동

옛것들 푸지게 살아 있는 곳
저잣거리 난전에서 만져보는 상평통보 한 닢에서도
우리네 조상님들 숨결이 찌르르 느껴지는
현대 속의 옛 마을 인사동

울화증 깊은 아버지 어쩌다 인사동에 와설랑
절로 두어 사발 동동주로 상한 가슴 달래고 싶은 마음
울컥울컥 황토 빛 울음 토해내고 싶은 마음
별스런 일 아니외다

짧은 치마에 요란스레 화장 짙은 아가씨들 인사동에 와설랑
민낯에 댕기 머리 아리따운 진달래꽃 처자 되어
살그미 피고 싶은 마음
제 안의 분홍 물소리 듣고 싶은 마음
그것도 별스런 일 아니외다

예, 예, 그렇고 말고요

첩첩 고개 지나온 숨결 거친 당신들이
흐드러진 소리 꽃을 몰고 오는 풍물패의 농익은 장단에

한들한들 홀림 당하는 거
절절이 아린 사연 있을 몇몇 사람 그에 소맷귀 적시게 할
거리 악사의 대금 소리에
고단한 몸 잠시 기대는 거
그것도 그것도 별스런 일 아니외다

알고 계시는지?

내소사來蘇寺 꽃살문 창호지에 스미는 달빛처럼
내 안으로 소리 없이 스며드는 정갈한 힘, 그건
어깨 쳐진 우리에게
인사동이 넌지시 나누어 준 옛것의 힘이라는 걸

행여 놀라지 마시기를
해낙낙한 옛사람이 되어 천천히 걸어보는
아리랑 인사동 길
얼쑤!
얼쑤!
굼뜬 당신의 발걸음에 담뿍 흥을 보태는
누군가의 푸른 추임새 있을 것이니

코뿔소

지아비의 유품을 수습하러
여자는 공사장에 왔다
무너진 여자에게 건네진 유품은

두어 벌 작업복을 삼키고
한껏 헛배 부른 비닐 가방 하나,
그리고 끝까지 주인 섬겼던
피 묻은 운동화 한 켤레

붉은 해는 기억하고 있다

여자의 울음에 안겨
유품이 가는,
어둑발에 지워지는 무명無名의 저 길은

씩씩 더운 입김 뿜어내며
힘센 코뿔소 오가던 길이었음을

버팀목

꿀벌들 잉잉 울며 보채는데
꽃을 피우지 못한,
간신히 꽃은 피웠으나 때 되어도
실한 열매 맺지 못한,
그런저런 죄 있어
모진 이의 톱날에 효수당한
죽은 나무의 토막시체인 줄 알았는데

오, 죽은 목숨 아니더라!

무거움에 쓰러지려는
누군가의 짐
온몸으로 받아내며 서 있는

저것,

아버지 같은, 어머니 같은 저것

幻

꽃산에 갔었네

물소리 질펀한
꽃산 가랑이에 퍼질러 앉아
오래 훔쳐보고 왔네

시방 막 初經 끝낸
진달래꽃 분홍 가시내들

따지고, 할퀴고, 핀잔주지 않는
나긋나긋한 분홍 생각 보듬고
오늘 밤
나 분홍 잠자네

내 옆에 함께 자네
분홍색 봄

지상의 빈터

두루미 가족 머물다 간 자리
살그미 다가가 보니 있다, 있어
단풍잎 같은 발자국 사이사이
잘 익은 두루미의
똥

어미 새가 품어주는 알들
아비 새가 지켜주는 알들
둥근 마음으로 더 기다려야 하는 알들
알 속에서 발톱 만드는 알들
날개 만드는 알들
그 알들에겐
얼마나 다행스러운 일인가

밥 먹은 힘으로 하늘길 날아가는
새들의
밥,
지상의 빈터에
아직은 남아 있으니

늙은 목수

새참 때였다

한통속 젊은 목수들은
키득키득 지들끼리만 막걸리를 나누고

늙은 목수 한 분
저만치 외기러기로 앉아 흥얼흥얼
구부러진 못들의 허리 펴주고 있었다

짱짱한 햇살침대에 누워
큰 수술 기다리는 저 중환자들은
못질 서툰 젊은 목수들이
무더기로 내다 버린 것

주름의 힘이 빛나는 공사장

믿을 수 없다는 듯
젊은 목수들은 곧 보게 되겠지

늙은 목수의 농익은 망치질에

불끈불끈 부활한 못들

권투선수 아버지

우리 아버지는 권투선수다
잘 때리고 잘 피해야 일류 선수 되는데
때리는 건 못하고 맞는 건 잘해서
삼십 년 넘도록 쭉 삼류 권투선수다
봉숭아꽃 우리 어머니가
뒤란 마당 눈물 우물에 동동 띄워 놓은
그의 경기 전적 성적표는 52전 1승 51패
그래도 한 번은 이긴 경기가 있지만, 그는 내게
지는 선수로 각인된 지 벌써 오래돼
나는 그의 1승 경기를 기억하지 못한다
그런 그도 가끔은 생각하는 사람으로 앉아
패전으로 얼룩진 자신의 전적 성적표 한 귀퉁이에
골몰이 이기는 경기를 설계해 보거나, 두어 나절
신들린 듯 샌드백을 치며 자못 사나운
맹수의 모습 보여주기도 한다 하지만 컴컴한 밤
술병 넘어지는 소리 들리는 곳 가보면 역시나 그는
지는 선수, 매 맞는 선수일 뿐이다
아버지는 오늘도 大 자로 누워버린
패전 하나 추가하고 쭉정이의 모습으로 오셨다
멍으로 도배된 그의 등에 파스를 붙이며

참다 참다 어머니 또 긴 울음 자아내실 것이다
권투시합을 하는 삶은 아버지의 운명일지니
권투선수 우리 아버지 제발
이젠 이기는 경기를 해주었으면 한다
어머니도 웃고 나도 웃고 동생도 웃게
20승, 40승, 60승,
승승장구 이기는 선수가 되었으면 한다
아버지 잊고 계시는지 아버지, 란 이름은
무조건 이겨야 하는 자의 이름이라는 걸

늙은 문

1.

청석골이 신도시 개발 지구에 편입되면서 삼백여 년을 버티어 온 김충민 씨 댁 古家도 헐리게 되었다 쿵! 하는 신음 한번으로 속절없이 靈物이 무너진 날 매운 흙먼지에 연방 콜록거리는 영물의 심장, 빗살문 하나 얼른 보쌈해와 내 방 벽에 걸어두었다 이유는 없다 그냥 잘 모셔 두고 싶었을 뿐이다 달이 열어보고 바람이 열어보고 풀벌레들이 열어보던 늙은 門

2.

하늘 곤충 수정 별들이
사각사각 밤하늘 베어 먹는 밤
소금세례 받은 미꾸라지 같은
통제 불능의 잡념 한 소쿠리 들고
쩔쩔매고 있는데
늙은 門 삐걱 열린다

꿈이런가, 생시런가

못난 놈!
예끼 못난 놈!

냅다 내 굽은 등짝 후려치는

대숲 지나온 靑靑한 꾸지람

3부

달밤

세발자전거 한 대
달빛 받아 빛나고 있는
그 집 앞 지나다

밤바람이 전해 주는
고운 분의 편지 한 통 읽고
버려진 생이 다
버림받은 것이 아니란 걸
뜨겁게, 사무치게, 알게 되었다.

—우리 아이가 훌쩍 커버렸어요.
자전거가 새 주인 기다리고 있으니
부디 데려가 주세요!
망가진 곳은 아이 아빠가 고쳐놓았어요.
벨도 새로 달았고요.

상현 엄마가

구두를 버리며

여기까지다
내 생의 길 한 토막을 책임졌던
이 구두와의 인연은

쓰레기통으로 향하던 손 잠시 멈추고
헤어짐의 인사 한마디 없이 묵묵히
임종을 준비하는 낡은 구두 한 켤레 바라보니
구두의 몸엔
상처와 멍투성이뿐 성한 곳이 없다

구두가 지나온 길
그리도 험하고, 어둡고, 좁은 길이었는지

이제 새 구두 하나가
또 다른 내 생의 길 한 토막을
책임질 것이다

내일은 이런저런 투정 앞세워
구두가 가는 길 헷갈리게 하지 않으리라

고요하고 느리게
상처 없이, 멍드는 일 없이
구두가 알아서 찾아가는 길
당분간 군소리 없이 따라가 보리라
오래오래
구두의 생명을 연장해 보리라

지는 해를 보다

따따부따 불평 많은
삐딱한 나 비꼬는 속내임을 안다
앞서 가는 일행 중의 하나가
짭짭한 갯바람의 등짝에 깔끄러운
말 한 잎을 슬그미 실어 보내왔다

안면도에 놀러 와서
안면도 해님이 못 보고 가면
평생토록 후회한다, 고

지는 해 보러 오는 어슬한 저녁바다 말고
점점 더 환해지는 곳
점점 더 명랑해지는 곳
해돋이 풍경 있는 아침바다로
여행지의 행로를 틀고 싶었던 나는
해님이 보는 거 애초부터 관심 없었는데

허허, 그것참
명치에 큰 가시로 탁, 걸리는 말
오랜 날들 무던히도 나를 목메게 하던

후회한다
는 그 무서운 말 거역할 수 없어
쥐죽은 듯 마지못해 보았다

난바다에 숨어 있던 거대한 포식자가
지는 해의 살과 뼈를 으득으득 씹어 삼키는
핏물로 붉어진 아비규환 그곳
점점 더 어두워지는 재미없는 그곳

책

오지 마을 뒷간에서
보살님 한 분을 뵈었습니다.

인연의 배 저어온
갑남을녀 누구에게나
제 살 떼어
몸으로 보시하시는
보살님.

기꺼이 기꺼이
밑씻개가 되어 주시는
큰
보살님.

보살님 앞에서
바지춤 내리고 끙끙대는 것은
참 불경한 일인지라 나는
힘주어 똥구멍 오므려 보는데

똥 누는 일도

알고 보면 버리는 일이니
조금은 이쁜 짓이라고
그 보살님 씩 웃으시더니
생면부지
누추한 길손 나에게도
몇 점의 살 쭉쭉 떼어 주시더군요.

버리니 가벼워졌다고
한참은 더 버려야 한다고
그 보살님, 한 번 더 씩 웃으시며.

내 방에도 노래가 있다

십여 년 만에 만난 내 친구
우리 집에서 사나흘 머물다 가기로 했습니다
누추한 우리 집 빈약한 살림살이가 답답했는지
말 삼키다가, 말 삼키다가 그 친구 불쑥
"니 방엔 노래 없니?"
이맛살 찌푸리며 퉁명스런 말 던지더군요
노래?
그러고 보니 내 방엔 침묵에 길든 입 다문 책들과
케케묵은 잡동사니뿐 어디에도 노래는 없었습니다
어쩌겠습니까, 없으면 이제라도 있게 해야지요
친구의 무료함을 씻어줄 노래를 찾아 나는
부랴부랴 저잣거리로 나갔습니다
노래는 쉽게 찾을 수 있었습니다
옛 노래 CD에서 요즘 노래 CD까지 골고루 사 들고 와설랑
자, 노래다 노래! 크게 소리치며 친구 얼굴 찾는데
어럽쇼, 친구는 보이지 않고 방문 앞에
서늘한 쪽지 하나 눈 흘기고 있네요
"나 길 건너 노래방에 가 있을란다 그리 오너라"
참 성미 급한 친구입니다
이제 내 방에도 노래가 그득할진대

양파 까던 여자

양파를 까다가 흠칫 몸 떠는 저녁이다

아슴푸레한 지난날의 어느 저녁에도 양파 까던 여자가 있었다

도대체 양파의 살은 어디에 있느냐고

껍질뿐인 삶은 지긋지긋하다고

양파를 깔 때마다 신경이 날카롭던 여자

양파를 까면서 자꾸만 작아지던 여자

작아지고 작아져서 가뭇없이 사라진 여자가 있었다

하등품 상처들

식목일 나무 심기 행사에 다녀왔습니다

꺾꽂이용 묘목으로 쓰이기 위해 졸지에
큰 나무와 헤어진 훌미한 가지들
칼날 지나간 자리엔
아물지 않은 상처 선명하건만

빈터에
반듯한 새 생으로 세워지는 가지들에겐 이제
두려움과 고통의 그림자는 없었습니다

꺾꽂이를 하면서 새삼스레 깨닫는 건
상처에서 뿌리가 나온다는 사실이었습니다
쭉쭉 뿌리를 내리며
여봐란듯이 잎눈을 만들며
가지가 나무로 몸 바뀐다는 사실이었습니다

하지만 상처도 상처 나름
모든 상처에서 다 새 뿌리가 나오는 건
아닐 것입니다 그건

빈둥빈둥 아픈 날의 기억만 떠올리고 있는
상처들을 보면 바로 확인할 수 있습니다

십 년, 이십 년이 흘렀건만 아직도
뿌리의 뿌 자도 모르는
내 안의 하등품 상처들을 보면

가을 숲 가마솥

우리 사람에겐 가을 숲은 그저
한철 단풍놀이나 즐기고 가는 소풍의 장소지만
숲에서 나고 자란 뭇 생명에겐 가을 숲은
하느님께서 정성으로 밥 짓고 계신 거대한 가마솥입니다

보세요 저기
묵묵히 끼니때 기다려준
숲 마을 식솔들에게 나누어 줄 밥을 푸려고
오늘 드디어
하느님께서 가마솥 뚜껑을 열었습니다

우와 –
푸 푸 뜨건 숨 뿜어내던 가마솥 안엔
머루, 도토리, 밤, 으름, 아그배, 개암 등등
뜸 잘든 열매 밥들 그득합니다

개울가 징검돌에 어여삐 앉아 손수건 헹구는
애인의 여린 등에 내려앉은 단풍잎 떼어주다가
화들짝 뜨거움에 놀라는 당신
당신께서도 이제 눈치채셨겠군요

우리가 수런대며 보고 온 단풍이라는 거, 그것이 실은
가을 숲 가마솥을 달구던 불꽃이었음을

복주머니꽃이 내게

개과천선 못하고 또 해를 넘긴
빛바랜 결심들 사그리 잡아놓고
호되게 문초하고 있는데

새해 복 많이 받으세요

낭랑한 새해 인사 앞세우고
내 등 두드리는 이 있다

누구지?
문밖에 큼직한 고요의 자물통 채웠으니
누가 왔을 리는 없고 나 잠시
허깨비 소리라도 들었는가 퍼뜩 산득해져서
자라목이 되어 슬며시 뒤돌아보니 세상에나
복주머니꽃이,
여름에 순산해야 할 제철 버리고
엄동설한 한겨울에 산고産苦로 끙끙대던
선반 위 고 미련퉁이 복주머니꽃이
샛노란 복주머니 하나 내밀며
그윽이 웃고 있었다

담을 福 없는 민망한 나에게
선물이라고, 당신 주려고 어렵게
복주머니 하나 낳았다고

숲 속의 밥

가을 숲에 발 담그고 밤을 줍는데
숲은 못 보고 밤! 밤! 그저 밤을 줍고 있는데
밤 다 줍고 어디 놓친 밤 없나
그제야 숲 한 번 멀뚱멀뚱 바라보는데
가을 숲이 몸 떨며 울고 있었다 제 품에
다람쥐 한 마리 꼭 보듬고

나 그저 심심풀이로 먹으려고 했던 밤
먹다가 싫증이 나면 그만 먹고 버릴 수도 있는 밤
비닐봉지 속의 그 밤 찬찬히 만져보니
밤이 아니었다 밥이었다
숲이
작은 목숨들을 위하여 한철 내내 익혀온

집 나간 사내

남루한 사내 하나
공단 앞 건널목을 건너다 그만
사고를 당했습니다. 사내가
적색 신호등을 녹색 신호등으로 착각한 것인지
마음 급한 어떤 차가
신호등을 무시하고 달리다 사내를 덮친 것인지
개들도 잔자는 깊은 밤에 난 사고라
목격자 한 명 없는 뺑소니 사고입니다.
내일이면 '목격자를 찾습니다' 라는 현수막 걸려 있을
도로엔 나사들도 넘어져 있습니다.
사내의 작업복 깊숙한 주머니 속에서
때를 기다리던 나사들입니다.
암나사 수나사 따뜻한 한 몸 되어
세상으로 나갈, 나가서 빛날 나사들이었습니다.
구급차는 아직 오지 않았습니다.
밤이, 늦게 놓아준 사내의 몸
점점 식어갑니다.
점점 집에서 멀어져 갑니다.

봄

휴일 한나절
오래 끌고 온 치통 같은 생각 하나
하수구에 흘려보내고
가부좌 편한 자세로 손톱 깎고 있는데
눈 감고
입 닫고
긴 동안거 중이시던
우리 집 전화기
요란스런 하품하며
느닷없이 말문을 열고 있다.

뭐 하냐?
나와라.
날 좋다!

헌책

입 찢어지는 횡재 있었습니다. 헌책방에 들렀다가 새책보다 더 새책 같은 헌책 한 권 발견했는데 정가 사만 오천 원인 귀하신 몸이 아 글쎄 단돈 오천 원입니다.

휘파람 날리며 집으로 와 내 마음 깊은 곳에 조심스레 헌책을 눕혔습니다. 그 헌책, 글썽글썽 제 몸 열어 주더군요. 이럴 수가! 폐경기의 몸이 아니었습니다. 처녀의 몸이었습니다. 더러운 세상의 아랫도리 오래 더듬던 내 불결한 손이 함부로 더듬기엔 매우 죄스러운.

빈집

눈꽃 날리는
겨울 바닷가 서성이다
파도가 장난치는
빈 고둥 하나 주웠습니다

누가 살았을까요?

호–오 불면
빈자리의 쓸쓸한 공명이
나를 목메게 하는

빈
집

번지점프

먼 은하 明明하게 잘 보인다는 곳
하지만
천 년 묵은 구미호가 살랑살랑 호려도
절대로 기웃대지 말아야 할 곳
성산대교 난간

저물녘의 弔燈 같은
흐린 사람 하나
또 번지점프를 했다고 한다

애인의 허리 안고 함께하는
달콤하고 짜릿한 번지점프 아닌
친구들의 박수갈채 앞세운
호기로운 번지점프도 아닌
처음이자 마지막인 변방의 서러운 곡예
저승길 번지점프

한 뼘 더 깊어지는 아픈 소리 냈으리라

안전띠 없는, 한 사내의 몸을 받아내던
간밤의 한강

양계장 암탉들

양계장 암탉들이
가슴 치며 벽을 치며 통곡하고 있었다
이 봄 가기 전

제가 낳은 알들 제 가슴에 품어 보고 싶다고

단 한 번, 단 몇 초라도
알을 품는 어미 닭이 되고 싶다고

아무 소용없을 것이다

봐라, 낳자마자 알들은 또
또르르 굴러가 버린다
인간들의 밥상으로

잡설 한 토막

비록 바닥살림 다 드러난 가난한 카드지만
아직은 사용할 수 있는 현금카드 맞는데
저 저 괘씸한 현금인출기
사용할 수 없는 잔챙이 되었다고 함부로 막말하며
내 카드 완강히 거부한다

이내 몸은 여전히 사용할 수 있는 몸이고
내 카드도 사용할 수 있는 카드가 분명해서
몇 차례 더 면회를 요청해 보건만 현금인출기는 요지부동
입성 누추한 내 카드와의 만남 허락할 낌새가 없다

혜영이 결혼 축의금 얼마
아들 녀석 참고서 구매비 얼마
이런저런 공과금 얼마 얼마 얼마

카드의 도움이 절실한 오늘 난 별 수 없이
사용할 수 없는 낭핍한 사람으로 돌아와
허허벌판 밤빗소리나 듣고 있다
아빠, 돈!
아이가 보채도 꾹꾹 입 닫고

4부

어미 개

철없는 강아지들이
어미 개의 밥그릇에 바글바글 모여
어미 개의 밥 깨끗하게 비우고 난 뒤
어미 개는 그제야 슬그미
빈 밥그릇을 핥고 있다
빈 밥그릇을 핥으며 어미 개도
많이 배고프겠지만
배고프다고 낑낑댈 수 없을 것이다

식구들 다 잠든 깊은 밤 그제야
부뚜막에 어둠 한 상 펴놓고
눌은밥에 신 김치 얹어
늦은 저녁밥 드시던 내 먼 기억 속의
엄마처럼 저 개도
강아지들의 엄마이니까

강한 전사, 사마귀를 만나다

산딸기 몇 알 훔치려 했을 뿐인데
풀숲 뒤지는 내 손끝에서
흠칫 놀라는 목숨 있었다

사마귀였다

적 없는 삶이 있을까
한낮 고요 속의 평화를 깨고 불쑥 나타난 나는
사마귀에겐 감당하기 어려운, 너무 큰 적일 것이다

그러나 사마귀는 강한 전사였다
물러섬이 없었다 앞다리를 무기 삼아 주저 없이
내게 덤벼들기 시작했다

저 사마귀,
그에 불귀의 객이 될지언정 스스로
싸움의 끈을 놓는 나약한 전사가 아닌 것이다

나는 왜 잊고 있었을까
내게는 하잘것없는 이 풀숲이

벌레들과 곤충들, 그리고 작은 짐승들의
밥상이고, 전쟁터고, 우주라는 것을

감히 사람과 맞장 뜨자고 덤비는 저놈 사마귀
오늘 나는 저 용맹한 전사에게
함부로 이길 수가 없다

걸인
—울음밥

고향 집의 손맛으로 우리를 즐겁게 해주시던
금산식당 윤씨 할머니가 영면하셨다 상갓집에 들어서니
아무도 울지 않는데

그믐밤 같은 휘휘한 사내 하나, 동그마니 혼자 울고 있었다

사내 몸속 저수지 얼마나 무량하기에

저 할미,

다리 하나는 어디서 잃었느냐, 처자식은 없었느냐
처음으로 누추한 생 어루만져 주신 분이었다고
탕 탕 가슴 치며 울고
비바람에, 눈 폭풍에 쫓겨 온 날
선짓국에 뜨신 밥 듬뿍 말아 주신 분이었다고
제 엄마도 아니면서 엄마, 엄마~
젖내 물씬한 말 손우물에 게워 내며 울고
우는 일 힘들어하는 유가족들 난감하게시리
울음만은 얼마든지 드릴 수 있다는 듯
무장무장 울고 있었다

적잖은 망자의 유산을 두고
자식들 간의 암투가 점입가경이라는
씁쓰름한 풍문 내 귓속까지 흘러오기도 하는 상갓집

먼 길 가셔야 할 윤씨 할머니께서는
세사싱 위 식은 고봉밥 시큰둥 밀쳐놓고
이승에서의 한 순정한 인연이 엎드려 올리는
절절한 울음밥
열 그릇, 스무 그릇 맛나게 비우고 계셨다

들꽃 마을에 와서

이맘때 봄날이었을 게다
야생화 연구가 김 선생의 안내로
초록 들녘 들꽃 마을을 방문한 적 있었다
생각하면 지금도 가슴 뛰는 참 희맑은 경험
쉬쉬 발소리 죽이며 꽃마을에 들어서는 순간
이내 몸 저절로 작아지고, 저절로 낮아지고 있었다
가장 겸손한 자리,
서서 보면 안 보이는 바닥 저편에
노랑 꽃 분홍 꽃 보라 꽃
하나하나 다 예쁜 들꽃 친구들
호호 깔깔 천연스레 놀고 있었으니까

짬짬이 으름장을 놓던 병마가
옜다, 가져가라 명줄 되돌려 준 새뜻한 이 봄
오늘은 내가 아이 손잡고 들꽃 마을에 왔다

네 이름은 뭐니?
그럼 네 이름은?

구구절절 물어볼 이름 많은 아이도

덩달아 신바람이 나서 샛별눈 깜빡이며
너른 푸새 밭에 얼굴 디밀고 있다
더 작게, 더 낮게, 아래로 제 몸 곱송그려야
이 땅의 예쁜 들꽃들과 눈 맞출 수 있음을
참따랗게 잘 배우며

북한 가는 연탄

그대도 보았는지요
오늘 아침
보석처럼 빛나는 신문 기사 하나 보았습니다
정 깊은 사람들이 한 푼 두 푼 모아 마련한
남한의 연탄이 북한으로 간다고 합니다
북한의 겨울 추위 잡으러
백만 장의 연탄이 간다고 합니다
돌아서 가는 먼 길
멍청하게 시간 낭비, 돈 낭비하며 가는
중국 땅 거치지 않고 서울에서 개성으로
서울에서 신의주로 우리 하늘 바라보며
우리 땅, 우리 길로 간다고 합니다
신명 나게 타오를 불덩이 되고자
연탄이 가는 오늘만은
요사스런 서양 망나니들이 칼질해 놓은 휴전선
개똥처럼 무시해도 된다고 하니
연탄들, 몸보다 마음이 먼저 후끈 달아오르겠네요
그대도 오늘은 연탄이 되고 싶은지요
오늘은 내 몸도
북한 가는 한 장의 연탄입니다

내가 복돌이를 매 맞게 했다

옆집 정씨네 개 복돌이 나 때문에 매 맞는 개 되었습니다. 끼니때 잊지 않고 꼬박꼬박 밥 챙겨준 제 주인보다 다른 사람 더 따르는 녀석이 괘씸했는지 정씨는 이제 걸핏하면 복돌이를 두들겨 팹니다.

저런, 오늘도 복돌이의 비명 담을 넘어오네요. 순성 좋은 축생을 괜스레 학대한다고 동네 사람들은 수군수군 정씨 욕하지만 기실 욕 먹을 놈은 나, 나입지요. 동네 사람들은 아직껏 모릅니다. 한때는 사람 좋기로 소문 자자하던 두루춘풍 정씨를 저냥 포악한 망나니로 변하게 한 장본인이 나라는 사실을.

알량한 뼈다귀 몇 개와 과자 부스러기로 사이좋던 정씨와 복돌이를 갈라놓은 내가 나쁜 놈입니다,

여러분! 주인 몰래 남의 집 개에게 함부로 뼈다귀 던져 주지 마세요. 그 개, 매 맞는 개 됩니다.

관광객들

속리산에 단풍놀이 온
관광객들 웅성웅성 모여서
단풍놀이 끝내고 자투리로 남은 시간 뭐 할까,
뭐 볼까 온갖 궁리하다가
법주사 구경을 한다

절은
절하는 곳이라지?

모시는 神이 달라 몇몇은
돌계단에 앉아 심기 많이 불편하고

神 모르는 몇몇은
건성건성 절 구경이나 하는
절하기 싫은 관광객인데

몇몇은 그새
대웅전 바닥에 납작 엎드려 절하는
순한 불제자가 되어 있다

지금은
단풍놀이 함께 온 관광객들 한마음이
여러 마음으로 단풍드는
참 묘한 시간

금과 틈

국립중앙박물관에 가서 꼼꼼히 살펴보니
어라? 진열장 안 명품 고려청자들의 몸엔
다 실금이 그어져 있었다

금이 간 것은 명품이 아니라고 믿어온 내게
누군가 잘 일러 주었다

식은 테, 혹은 빙렬이라고 하는 금이 있기에
이 청자들은 영원히 명품이라고

또 언젠가는 북한산 산행길에 보니
어라? 고태 은은한 옛 성곽의 돌과 돌 사이엔
다 틈이 있었다

틈이 생기면 쉬이 무너진다고 굳게 믿는 내게
바람이 잘 일러 주었다

성곽의 숨구멍, 이 틈이 있기에
장구한 세월에도 성곽은 요렇게 건재하다고

인간들은 오늘도
금이 가서 헤어지고, 틈이 생겨 무너지는데
알고 보니

저 자연에선

금이라는 것
틈이라는 것

엄청 좋은 것!

숲이 듣는 고로쇠나무의 말

하마터면 사랑할 뻔했었네
내 허벅살에 큰 주삿바늘 꽂는
저 게저분한 것들이
올해엔 더 건강한 나무 되라고
영양주사 놔 주시는
맘결 고운 의사님,
햇살 같고 단비 같은
고마우신 손님인 줄 알고

아 어지러워라,
만고 잡놈 흡혈귀들
꽃 만들고 새잎 만들어야 할
내 몸의 더운 피 홀짝홀짝 마셔버리네
다 가져가 버리네

할 일 많은 새봄 왔건만 나 이제
피 없어서, 에구구 피가 없어서
몸 안의 발동기 싸늘히 식어버린
중환자 나무

나 어쩌지?
이 봄엔 어질어질 저승길만 보이니

구름이 보는 사람

산 속의 산, 오지 중의 오지
무덤만 한 오두막 한 채 짓고
저 사람,
사십 년을 버티고 있습니다
사람을 피해 사람 밖에서 살다 그만
사람의 말 잊은 지 오래된 사람입니다
그렇다고 다른 말 이를테면
새들의 말이나 나무들의 말, 혹은
어떤 자연 속의 말을
새로 배운 적도 없지요

하늘에서 보면 잘 보입니다
풀들은 풀들끼리 몸 비비며 깔깔거리고
나무는 나무끼리 울울창창 숲을 이루고
새들은 새들끼리 이 산 저 산 무리지어 날 뿐
무주공산 어느 한 곳도
사람이 끼어들 틈새 허락하지 않습니다

저 사람,
오늘도 우두커니 나를 바라봅니다

사람이 사람 말을 잊었으니
사람의 마을로 다시 내려간다 해도
저 사람은 이제
온전한 사람이 아닐 것입니다
산그늘이 밀어내는 제 그림자 거두어
싸목싸목 오두막으로 향하는 저 사람
사람의 마을로
스스로 내려갈 리도 없겠지만

엄마 생각

쉰 살 문턱을 넘고부터
엄마 생각은 자주 나를 흔든다

오늘도 그랬다
거울 앞에 서서 희끗희끗 눈발 섞인
젖은 머리 말리다가
저절로 엄마를 생각했다

내가 엄마의 이쁜둥이 강아지였을 때
엄마는 풋콩만 한 내 손에 당신의
머리를 맡기고 새치 한 올 뽑아내면
동전 한 닢을 주시곤 했다
동전 열 닢이면 한달음에 가게로 달려가
크림빵 한 개를 살 수 있었다
크림빵이 더 먹고 싶은 나는
크림빵 다 먹고서 엄마~ 머리! 하면
어이구나, 내 강아지! 어여삐 그러안고
엄마는 환한 모란꽃이 되어 웃으셨다
그리고 내 작은 몸 다시금
당신 무릎에 앉히고 가없이

큼직하고 맛있는
내 크림빵이 되어 주셨는데, 그랬었는데……

날개 달린 생

밥상에 밥 한 공기 올리고 이제 콩나물국 한 그릇 푸려던 참인데요 뒤쪽에서 앗 뜨거워! 비명 풍선 터졌습니다 깜짝 놀라 돌아보니 쉬파리 놈 하나 제 입에다 바쁘게 손 부채질하고 있네요 저런, 나 몰래 뜨건 밥 급히 먹다가 입을 데었나 봅니다 하하하 저놈은요 내 몸이 잔재미 쏠쏠한 제 놀이터로 보이는지 한나절 내내 콧등이며 귓불이며 발가락까지 내 몸을 간지럼 태우며 놀던 그놈입니다 잘 몰랐는데 나도 엄청 변했습니다 내 밥을 더럽히는 파리 놈을 보고도 화를 내기는커녕 껄껄 웃어주는 걸 보면

우리 집에 요즘 들어 부쩍 파리들의 방문이 잦아졌습니다 열이면 열, 온갖 오물을 묻히고 오는 달갑지 않은 불청객들이지만 꾹꾹 화를 누르며 한 번도 파리채 들지 않았습니다 왜냐고요? 으음 그건 파리들도 날개, 그래요 날개가 달린 놈들이니까요 그대들께서는 뜬금없이 웬 날개타령이냐고 면박을 주시겠지만 어쩌겠습니까, 촌스럽게도 날개 달린 생은 여전히 나에겐 동경의 대상이며 경배의 대상인 것을

빈 몸

텅 비어 있다

피리의 몸
종의 몸
북의 몸

기억하라,

우리 영혼의 門 문고리를 흔드는
맑은소리들은
빈 몸에서 나온다는 것을

손, 사람 손

계곡물 속 돌 밑에
가재들의 집이 있습니다
청량한 매미들의 노래 자장가 삼아
가재들은 지금
잠시 꿀맛 낮잠을 즐기는 중입니다만
글쎄요, 가재 마을의 평화
언제까지 이어질지요

그럼 그렇지, 보셔요 저기
소풍객 서넛 괜스레 심술이 나서
포악한 짐승으로 돌변하네요
우리 사람에겐
천렵이니 뭐니 심심풀이 놀이의 시작이지만
영문 모르는 가재들에겐 참 황당한
지옥 시간이 시작되는 것이지요
아차, 하는 순간
온 마을에 줄초상 나는

짐승들
킬킬대며 쳐들어가네요

저런, 큼직한 돌 들어 올리네요
어어 냅다 던지네요

가재들의 집이었던 돌들, 어이없게도
돌들은 이제 가재들의 목숨을 위협하는
가공할 돌 폭탄이 되었습니다

숨어서, 숨어서
숲 마을 생명들은 치 떨며 되새깁니다
손, 사람 손에선

천지 만물이 다 무기로 변한다는 사실을

우체부 김씨

아침부터 장대비 내리니
어제보다 더 고단한 하루가 될 텐데
우체부 김씨
오늘은 기분이 아주 좋습니다.

왜 기분이 좋으냐고요?

오늘 산마을로 배달할 우편물엔
갓 부화한
따끈따끈한 축하 전보가 세 개나 있으니까요.

축하 전보 받고 기뻐할 이웃들의 얼굴이
그렁그렁 떠오르니까요.

멀리서 보니
빗속을 가는 김씨의 모습은 영락없이
흥부네 집으로 박 씨를 물고 가는 몸 날쌘
푸른 제비의 모습입니다.

장엄한 군무

천수만 갈대밭 객석에 앉아 하느님과 함께
가창오리, 그 수십만 무희들이 펼치는
장엄한 군무를 관람했다

세상에나! 세상에나!

와서 보라,
한평생 춤 모르고 살아온 당신의 가슴에도
해거름의 저 석류 알 빛 하늘 무대로 날아가고픈
뽀송뽀송한 생각 한 송이 피어날 것이니

거기, 한 점의 춤으로 스며들고 싶어질 것이니

첫 눈

어린 남매를 두고 집 나간
친구를 찾으러 먼 곳에 왔습니다
아득한 노숙의 벌판
첫 눈이 오고 있었습니다
어제보다 몇 마장은 더 통증 깊을
고난의 시절이 당도했으니
각오하라고, 준비는 됐느냐고
작은 사람들의 굽은 등 쿡쿡 찌르며

틈과 금의 미학

서안나(시인)

1. 폐허와 빈집의 비극성

문학 작품에 나타나는 공간은 경험 주체의 태도와 정신을 드러낸다. 작품 속에 형상화된 공간은 곧 시인의 작품 밖의 현실과 역사를 어떤 시각으로 바라보는지를 파악하는 출발점이기도 하다. 따라서 문학텍스트 내부에 구현된 공간은 시인의 내면의식과 세계관을 살필 수 있는 근거가 된다.

문창갑 시인의 시집 『코뿔소』에서 '집'은 시인만의 독창적인 공간으로 탄생하고 있다. 문창갑 시인의 시에서 '집'은 IMF 등을 거치며 도시 빈민으로 내몰린 하층민의 고단한 삶과 양극화로 인한 계층 간의 갈등을 보여주고 있다.

눈꽃 날리는
겨울 바닷가 서성이다
파도가 장난치는
빈 고둥 하나 주웠습니다

누가 살았을까요?

호-오 불면
빈자리의 쓸쓸한 공명이
나를 목메게 하는

빈
집

—「빈집」 전문

죽, 이라는 말 속엔
아픈 사람 하나 들어 있다

참 따뜻한 말

죽, 이라는 말 속엔
아픈 사람보다 더 아픈

죽 만드는 또 한 사람 들어 있다

―「죽」 전문

작품 「빈집」에서 집은 파도에 쓸려 다니는 빈 고둥과 같이 쓸쓸한 폐가의 이미지로 묘사되고 있다. "빈자리의 쓸쓸한 공명이/나를 목메게 하는/빈/집"과 같이 가족 구성원들이 모두 흩어져 외로움이 가득 찬 비탄의 공간이다.

「죽」에서도 집은 "아픈 사람보다 더 아픈/죽 만드는 또 한 사람" 이 사는 고통스러운 공간이다. 일반적으로 죽은 몸이 아픈 식구를 위하여 끓여 주는 음식이다. 죽을 끓이는 풍경 속에는 가족의 따스함과 정이 상징적으로 드러나기 마련이다. 그러나 「빈집」이나 「죽」에서 보듯, 집은 식구들이 모두 떠나버리거나 상처 입은 사람들이 주거하는 비극적 공간으로 드러나고 있다.

나 지금 아우라지 정선에 와서
임종 직전의
폐가 한 채 문병하는 중입니다

억새와 거미줄, 그리고
함부로 살 찢고 다니는 바람에 점령당한
스산하고 가련한 폐가지만 이 집도 예전엔
한 가족이 슬어낸 하나한 추억을 머금고 있었을
심줄 푸른 고향 집이었습니다
무조건 받아주고, 무조건 안아주던

고향 집, 아버지와 어머니 선산에 누우신 후
사람냄새 사라지니
빠르게 폐가 되었지요

제 몸의 문이란 문 죄다 열고
집은 아직도 누군가를 기다리는 눈치입니다
저리 숨기 잦아지는 쇠잔한 몸으로
얼마나 더 버틸 수 있을지요

—「고향 집」 부분

솔숲 어귀에서
물컹물컹 썩어가는 폐가 한 채 만났다

폐가 마당엔
집과 함께 순장된 세간붙이들
고요의 무덤 속에 누워 있었다

저 그릇들은
어느 댁의 밥상과 찬장을
부지런히 오갔을 것이고

이 숟가락과 젓가락들은
누군가의 입속을
부지런히 드나들었을 것이고

저 책가방은, 신발들은, 옷들은……

그랬을 것이고, 그랬을 것이고

—「폐가」 부분

「고향 집」과 「폐가」에서도 '집' 은 단란했던 유년의 기억이 흔적으로만 남아 있는 장소이다. 고향 집은 임종 직전의 부모로 전이되면서 시적 화자의 내면 감정이 고조되고 있다. 시적 화자는 "제 몸의 문이란 문 죄다 열고/집은 아직도 누군가를 기다리는 눈치입니다/저리 숨기 잦아지는 쇠잔한 몸으로/얼마나 더 버틸 수 있을지요"라며 "숨기 잦아지는 쇠잔한 몸"으로 드러나는 고향 집과 농촌 경제의 몰락을 안타깝게 지켜보고 있다. 「폐가」에서 유년의 삶을 이상적인 세계로 인식하는 시적 화자에게 몰락한 고향 집 즉 현실 공간은 상실의 공간으로 인식되고 있다.

1.

청석골이 신도시 개발 지구에 편입되면서 삼백여 년을 버티어 온 김충민 씨 댁 古家도 헐리게 되었다 쿵! 하는 신음 한번으로 속절없이 靈物이 무너진 날 매운 흙먼지에 연방 콜록거리는 영물의 심장, 빗살문 하나 얼른 보쌈해와 내 방 벽에 걸어 두었다 이유는 없다 그냥 잘 모셔 두고 싶었을 뿐이다 달이 열어보고 바람이 열어보고 풀벌레들이 열어보던 늙은 門

—「늙은 문」 부분

겨울밤
지하철 종각역 한쪽 구석에
종이 집 몇 채
또 세워진다

지붕이 없는 집
작은 기침에도 쉬이 흔들리는 집
누추한 주인의 발 숨겨주지 못하는 집
우체부가 모르는 집
가장 작은 집
아침이면 무너져야 하는 집

노숙자들의 집

—「종이 집」 전문

숨어서, 숨어서
숲 마을 생명들은 치 떨며 되새깁니다
손, 사람 손에선

천지 만물이 다 무기로 변한다는 사실을

—「손, 사람 손」 부분

양계장 암탉들이
가슴 치며 벽을 치며 통곡하고 있었다

이 봄 가기 전

제가 낳은 알들 제 가슴에 품어 보고 싶다고

단 한 번, 단 몇 초라도
알을 품는 어미 닭이 되고 싶다고

아무 소용없을 것이다

봐라, 낳자마자 알들은 또
또르르 굴러가 버린다
인간들의 밥상으로

—「양계장 암탉들」 전문

「늙은 문」을 살펴보면, 삼백여 년을 버틴 고가古家마저 도시 개발이라는 명목 아래 한순간에 철거되고 있다. 경제적 가치만을 우선순위로 삼는 도시 개발은 도시의 특정 공간에 대한 특이성과 역사적 맥락을 무시한 채 파괴를 일삼고 있다.

시적 화자가 고가古家의 문 한 짝을 떼어 자신의 방벽에 걸어 두는 행위 역시 도시 개발로 파괴되는 신자본주의에 저항하는 의미를 드러내고 있다. 시적 화자가 소중하게 여기는 고가古家의 문은 화폐의 가치로는 환산하지 못할 내력이 담겨 있기 때문이다. 고가古家의 문은 달과 바람과 풀벌레들 즉 자연과의 소통을 가능케 하던 매개물이기 때문이다. 시적 화자가 도시 공간 특히 집에 대하여 비극적인 인식 태도를 보이는 이유 역시 신도시 개발로 대표되는 팽배한 물신주의에 대한 거부감임을 알 수 있다.

'청석골' 이라는 공간이 신도시 개발 지구에 편입되면서 사라지는 풍경은 "용산참사"나 아시안 게임 등을 통해 철거되는 노점상과 철거민들의 입장과 다르지 않다. 수많은 이들이 생존권과 주거권을 위해 공권력과 싸우다 화염 속으로 사라진 고통과 아픔이 「종이 집」과 「손, 사람 손」, 「양계장 암탉들」에서 명확하게 드러나고 있다. 도시 재개발이란 화려한 단어 뒤에는 기득권층의 부의 증식과 세습의 욕망이 숨어 있기 때문이다. 시적 화자가 고가古家의 문 한쪽을 거두어 소중하게 방에 걸어두는 이유도 모든 가치를 단일화하는 자본의 속도를 거부하는 상징적인 행위이다.

신자본주의 자본의 폭력성을 간파한 시적 화자는 「종이 집」과 「손, 사람 손」, 「양계장 암탉들」을 통해 도시 빈민들의 삶이 곧 산업화의 희생물임을 강조하고 있다. 도시 빈민의 탄생은 1960년대 이후 전개된 산업화와 무관하지 않기 때문이다.

우리나라 빈민 운동사를 간략하게 살펴보면, 1960년대 이후 전쟁으로 파괴된 국가의 재건과 부흥 속에서 산업화란 이름 아래 몰락을 겪은 농민들이 도시로 유입되었다. 윤종주의 "근세 한국의 민족이동에 대한 연구"를 보면 산업화과정에서 농업지역과 공업지역 간 또한 도시와 농촌 간의 소득 등의 격차가 벌어져 장년층의 가구주들은 가족의 생계를 위해 가족을 이끌고 서울 등 대도시로 대거 몰려들었다고 한다.

그러나 저학력과 미숙련의 상태의 중장년층 이농민 가구주들은 경제성장의 주축인 근대적 산업부문의 노동력 수요에 적합하지 못했으며 1960년대 제조업 부문도 이농을 통해 공급된 노동력을 흡수하지 못했다. 이농민 가구의 일부 젊은 연령층들만이 근대적 산업노동자로 취업했으며 나머지 이농민 가구주들은 소규모의 영세상이나 행상 · 노점상, 건설노동 등에 종사하여 생계를 유지할 수밖에 없었다.[1]고 한다. 이처럼 도시로 유입된 이농민들은 노점상이나 판잣집 등의 생활을 영위하며 도시의 하층 계급으로 전락하였다.

시적 화자가 맞닥뜨리는 현실 공간은 「양계장 암탉들」에서처럼 도시 빈민들의 삶이 잘 드러나고 있다. 달걀을 채 품어보지 못하고 인간들의 밥상 위로 빼앗기는 암탉에게 양계장이란 공간은 수탈 혹은 폭력이 자행되는 공간일 뿐이다. 시적 화자는 「손, 사람 손」에서 보이지 않는 공권력의 폭력을 은유적으로 드러내어 도시 빈민의 열악한 삶이 신자본주의의 구조적 문제점에서 양산된 것임을 지적하고 있다.

시적 화자는 도시에서의 집이 안정적인 공간이기보다는 공권력에 의해 불시에 사라질 수 있는 곳이며 자본주의 폭력이 행사되는 장소이기 때문에 도시 공간을 부정적으로 인식하고 있다.

---

1) 윤종주, "근세한국의 민족이동에 대한 연구"『한국의 인구변동과 사회발전』(서울여자대학교, 1991년) p46

2. 폭력의 메커니즘과 코뿔소

지아비의 유품을 수습하러
여자는 공사장에 왔다
무너진 여자에게 건네진 유품은

두어 벌 작업복을 삼키고
한껏 헛배 부른 비닐 가방 하나,
그리고 끝까지 주인 섬겼던
피묻은 운동화 한 켤레

붉은 해는 기억하고 있다

여자의 울음에 안겨
유품이 가는,
어둑발에 지워지는 무명無名의 저 길은

씩씩 더운 입김 뿜어내며
힘센 코뿔소 오가던 길이었음을

—「코뿔소」 전문

남루한 사내 하나
공단 앞 건널목을 건너다 그만
사고를 당했습니다. 사내가

적색 신호등을 녹색 신호등으로 착각한 것인지
마음 급한 어떤 차가
신호등을 무시하고 달리다 사내를 덮친 것인지
(중략)
도로엔 나사들도 넘어져 있습니다.
사내의 작업복 깊숙한 주머니 속에서
때를 기다리던 나사들입니다.
암나사 수나사 따뜻한 한 몸 되어
세상으로 나갈, 나가서 빛날 나사들이었습니다.
구급차는 아직 오지 않았습니다.
밤이, 늦게 놓아준 사내의 몸
점점 식어갑니다.
점점 집에서 멀어져 갑니다.

—「집 나간 사내」 부분

「코뿔소」는 시집의 표제작으로 "씩씩 더운 입김 뿜어내며/힘센 코뿔소 오가던 길"에 결국 피묻은 운동화 한 켤레를 남기고 허무하게 생을 마감한 사내의 죽음을 그리고 있다. 남편의 유품을 거둬들이러 온 아내에게 남겨진 것은 "두어 벌 작업복을 삼키고/한껏 헛배 부른 비닐 가방 하나"뿐이다. 기업의 이윤을 최고의 가치로 삼는 자본가들에게 「집 나간 사내」 속의 사내처럼 공사장 일용직 잡부의 죽음은 영향력을 미치지 못한다. 부품으로 전락한 도시 하층민의 죽음을 통하여 공권력과 자본가의 경제력 증대의 폭력에 노출된 소외자들의 삶을 생생하게 포

착하고 있다.

우리 아버지는 권투선수다
잘 때리고 잘 피해야 일류 선수 되는데
때리는 건 못하고 맞는 건 잘해서
삼십 년 넘도록 쭉 삼류 권투선수다
봉숭아꽃 우리 어머니가
뒤란 마당 눈물 우물에 동동 띄워 놓은
그의 경기 전적 성적표는 52전 1승 51패
그래도 한 번은 이긴 경기가 있지만, 그는 내게
지는 선수로 각인된 지 벌써 오래돼
나는 그의 1승 경기를 기억하지 못한다
그런 그도 가끔은 생각하는 사람으로 앉아
패전으로 얼룩진 자신의 전적 성적표 한 귀퉁이에
골몰이 이기는 경기를 설계해 보거나, 두어 나절
신들린 듯 샌드백을 치며 자못 사나운
맹수의 모습 보여주기도 한다 하지만 컴컴한 밤
술병 넘어지는 소리 들리는 곳 가보면 역시나 그는
지는 선수, 매 맞는 선수일 뿐이다
아버지는 오늘도 大 자로 누워버린
패전 하나 추가하고 쭉정이의 모습으로 오셨다
멍으로 도배된 그의 등에 파스를 붙이며
참다 참다 어머니 또 긴 울음 자아내실 것이다
권투시합을 하는 삶은 아버지의 운명일지니

권투선수 우리 아버지 제발
이젠 이기는 경기를 해주었으면 한다
어머니도 웃고 나도 웃고 동생도 웃게
20승, 40승, 60승,
승승장구 이기는 선수가 되었으면 한다
아버지 잊고 계시는지 아버지, 란 이름은
무조건 이겨야 하는 자의 이름이라는 걸

—「권투선수 아버지」 전문

각박한 현대 사회에서 아버지는 가족들의 건강과 윤택한 삶의 질을 높이기 위하여 자신의 삶을 희생하는 존재이다. 그러나 문창갑 시인의 작품들에서 아버지는 부재하거나, 혹은 무능한 자로 드러나고 있다. 가장의 부재나 무능력은 곧 도시 빈민의 탄생을 의미한다. IMF 이후 중산층의 급격한 계층 하락 때문에 중산층의 몰락이 사회 문제로 심각하게 부상됐다. 400만 신용불량자가 양산되고 가정이 해체되는 등 계층 간의 소득 격차가 심화하였다. 그러나 이러한 빈곤계급의 증가에도 국가의 위기관리는 피상적인 차원에서 그치고 있다. 이 시에서 시적 화자는 늘 패배하는 가장의 모습을 통해 양산된 도시 빈민의 무력감과 열패감을 사실적으로 드러내고 있다.

오늘자 신문을 보니 정부 대변인 가라사대
곧 십만 원권 지폐를 발행한다고 합니다
보나 마나 십만 원권 별로 만져볼 일 없을

저 묵정밭 민초들에겐 달갑지 않은 소식이겠으나
사과 상자 하나에
삼십억 원도 담을 수 있다는 십만 원권 발행 소식에
키득키득 참 좋아하겠네요

무겁고 부피 많은 떡값과 비자금 옮기느라
그간 고생 많았을
캄캄한 그 동네 유령들

—「오늘자 신문 독후감」 부분

너무도 기막히고 슬픈 현실의 표징이라 하나 가져왔다고
비극의 땅 아이티에 취재차 다녀온 기자 친구가
기도하는 심정으로 만져보라며 내 손에
딱딱한 무언가를 꼭 쥐여 주었다 이것이
굶주림과 질병으로 시달리는 아이티의 아이들이
주식 대용으로 먹는 쿠키란다
그나마도 돈이 없어 마음껏 사 먹지도 못한다는
진흙 쿠키

보고, 또 보아도 불에 구워낸 진흙 덩어리일 뿐인데
이 흙덩이가 어떻게
눈 맑은 아이들의 밥이 될 수 있단 말인가

이 진흙 쿠키 앞에서 나는 인간이 아니다

마귀다, 개 똥구멍이다
아이티의 아이들이 진흙 쿠키, 그 캄캄 절망과
슬픔을 씹고 있을 때 갈비를 뜯으며
고기가 왜 이리 질기고 맛이 없느냐고 씨부렁대던 내가
아이티의 아이들을 위하여 한 번도 저금통 턴 적 없는 내가
어찌 인간일 수 있겠는가

—「진흙 쿠키」 전문

빈곤층의 증가는 비단 우리나라에서만 발생하는 문제점은 아니다. 시적 화자는 작품 「오늘자 신문 독후감」에서 십만 원권 지폐가 발행될 것이라는 신문 기사에서 정치권 그리고 기득권층의 부패와 도덕성의 실종을 신랄하게 비판하고 있다. 특정 계층만을 두둔하는 국가 권력의 폭력의 메커니즘을 시적 화자는 "캄캄한 그 동네 유령들"이라고 지적하고 있다.

작품 「진흙 쿠키」에 나타나는 진흙 쿠키란 고운 진흙에 소금과 버터를 넣어 구운 과자이다. 시적 화자는 세계 최대 빈곤 국가인 아이티Haiti의 아이들이 진흙 쿠키로 끼니를 때우는 충격적인 참상을 통해 자기반성과 비움에 대한 실천의지를 강조하고 있다.

텅 비어 있다

피리의 몸
종의 몸

북의 몸

기억하라,

우리 영혼의 門 문고리를 흔드는
맑은 소리들은
빈 몸에서 나온다는 것을

—「빈 몸」 전문

알겠다, 이제야 알겠다
내 앞에 오래 서성이던 그 사람
이유 없이 등 돌린 건
굳게 문 걸어 잠그고 있던 내 몸의
이 자물쇠들 때문이었다

알겠다, 이제야 알겠다
열려 있던 그 집
그냥 들어가도 되는 그 집
발만 동동 구르다 영영 들어가지 못한 건
비틀며, 꽂아보며
열린 문 의심하던 내 마음의
이 열쇠들 때문이었다

—「아, 이 열쇠들」 부분

시적 화자는 진흙 쿠키로 비참한 삶을 연명해야만 하는 지구촌의 고통과 참상을 통해 비움에 대해 사유하는 계기를 맞고 있다. 채워도 이내 또 다른 욕망의 소용돌이에 휩쓸려버리는 인간 본성에 대한 통찰로 이끌고 있다.

시적 화자는 비움의 사유를 통해 타자를 배려하는 실천의지의 어려움이 곧 자신에게 있었음을 깨닫고 있다. 이러한 자기반성은 열쇠라는 대상으로 은유 되면서 시적 화자의 인식 전환의 계기가 되고 있다.

3. 흙의 생명력과 금과 틈의 미학

봄날 햇볕 아주 좋아
흙바닥에 엉덩이 털썩 주저앉히고
담배 한 대 불붙이고 있는데
누가 내 엉덩이 쿡쿡 찌르네
엉덩이 들어보니
흙이 키우는 민들레꽃 하나
거친 숨 토하고 있었네
애개, 겨우 민들레꽃 하나?
더 쉬고 싶은 나는
민들레꽃 못 본 척
엉덩이 다시 내려놓으려는데
쩌렁쩌렁

흙이 내게 호통을 치네
흙 한 줌 되어보지 못한 네가
왜? 왜? 왜?
흙의 마음을 거스르느냐고

—「흙이 내게 호통치다」 전문

흔한 잡초라고 꽃집 구석에
천덕꾸러기로 버려진 식물
한껏 피워 올린 연보라 꽃 송아리가
깜찍하고 사랑스럽기만 한데
이 식물이 왜 잡초여야 하는지 그러면
은은히 내 맘 홀리는 이 잡초는
이름도 없는지 부랴부랴
식물도감 뒤지니 어?
잡초는 없다

식물도감엔

바위구절초 둥굴레 산매발톱 노루귀
꽃창포 하늘지기 물봉선 범부채……
우리나라 들과 산에 이런 식물 산다고
상큼하고 고상한 이름이 넘실넘실

쥐꼬리망초 개불알꽃 까치수염 각시패랭이꽃

애기똥풀 며느리밑씻개 도둑놈의갈고리……
우리나라 산과 들에 이런 식물도 산다고
우습고도 살가운 이름이 출렁출렁

숨어서 울음 길 가는 사람아,
다시 보면
그대도 이 땅의 어여쁜 꽃이려니
슬퍼 마라!
울지 마라!

어디에도, 어디에도
잡초는 없더라

—「잡초는 없다」 부분

국립중앙박물관에 가서 꼼꼼히 살펴보니
어라? 진열장 안 명품 고려청자들의 몸엔
다 실금이 그어져 있었다

금이 간 것은 명품이 아니라고 믿어온 내게
누군가 잘 일러 주었다

식은 테, 혹은 빙렬이라고 하는 금이 있기에
이 청자들은 영원히 명품이라고

또 언젠가는 북한산 산행길에 보니
어라? 고태 은은한 옛 성곽의 돌과 돌 사이엔
다 틈이 있었다

틈이 생기면 쉬이 무너진다고 굳게 믿는 내게
바람이 잘 일러 주었다

성곽의 숨구멍, 이 틈이 있기에
장구한 세월에도 성곽은 요렇게 건재하다고

인간들은 오늘도
금이 가서 헤어지고, 틈이 생겨 무너지는데
알고 보니

저 자연에선

금이라는 것
틈이라는 것

엄청 좋은 것!

―「금과 틈」 전문

위의 시에서 시적 화자는 무심히 깔고 앉은 민들레꽃에서 생명의 소중함을 발견하고 있다. 시적 화자의 엉덩이에 깔린 민들레꽃은 곧 우리 사회의 소외된 계층을 상징적으로 드러내고 있다. 호통을 치는 대지(흙)의 목소리는 기득권층에 대한 시적 화자의 질타이다. 타자를 위하여 "흙 한 줌 되어보지 못한" 시적 화자의 자기반성 시선은 힘없는 존재를 따듯하게 감싸는 공존의 미학을 노래하고 있다. 자연의 이치는 곧 인간의 존엄에 대하여 시적 화자에게 큰 가르침을 주고 있다. 가장 낮아서 가장 귀한 존재들에 대한 시적 화자의 따스한 인간애가 느껴지는 작품이다.

「잡초는 없다」에서도 시적 화자는 잡초들을 식물도감에서 찾아보면서 "어디에도,/어디에도/잡초는 없더라"고 단언하고 있다. 작고 초라한 잡초는 권력의 폭력에 의해 쉽게 뽑혀 버릴 수 있는 계층의 상징이다. 힘없고 소외된 무명의 존재의 이름을 호명함으로써 이들의 주체성을 회복시키고 있다.

소외된 존재에 대한 시적 화자의 관심은 「금과 틈」에서도 잘 드러나고 있다. 박물관의 고려청자에 나있는 수많은 금(빙렬)과 성곽의 돌과 돌 사이의 틈을 긍정적인 시선으로 바라보고 있다. 현실공간의 틈과 금이 인간관계를 단절하고 건물을 무너뜨리는 힘으로 인식하고 있었지만, 자연에서의 금과 틈은 공존을 전제로 한 생성의 근원이기 때문이다. 자연에서의 금과 틈은 새로운 발전에 대한 가능성이기도 하다.

문창갑 시인의 시집은 생의 진지함과 절실함이 가득 차 있는 시집이다. 주변의 작고 소박한 대상의 존귀함에 집중하여 공존의 아름다움을 강조하고 있다. 문창갑 시인의 시에서 집이 텅 빈 폐가의 이미지로 드러나는 것은 도시 공간의 집을 폭력이 자행되는 비극적 공간으로 인식하고 있기 때문이다. 이 소통 부재의 공간에서 시인은 신자본주의의 인간 존엄의 훼손과 가치 전락에 대해 다루고 있다. 그러나 시적 화자는 현실 공간의 비극성에 윤색되거나 함몰되지 않고 자연 공간에서 주체의 의지를 회복하고 있다. 즉 자연은 소통의 공간이며 작고 소박한 것들도 상생할 수 있는 조화롭고 이상적인 공간이기 때문이다. 문창갑 시인의 시집은 공간과 소통이라는 키워드를 통해 자연 공간을 초월적 세계로 삼아 틈과 금의 미학을 보여주고 있다.

문학의전당에서 펴낸 문창갑 시집
빈집 하나 등에 지고(2004년)

문학의전당 · 시인선 109
코뿔소

ⓒ 문창갑 2011

초판인쇄 2011년 3월 10일
초판발행 2011년 3월 15일

지 은 이 문창갑
펴 낸 이 김충규
펴 낸 곳 문학의전당
출판등록 제387-2003-00048호(2003년 9월 8일)

주 소 121-718 서울특별시 마포구 공덕2동 404번지 풍림VIP빌딩 202호
전화번호 02-852-1977
팩시밀리 02-852-1978
블 로 그 http://blog.naver.com/mhjd2003
전자우편 mhjd2003@naver.com

I S B N 978-89-93481-86-0 03810